아이 같은 어른,
어른 같은 아이

치매

김영민 지음

∑ 시그마프레스

이 책을 만드는 데 도움된 책

머리가 좋아지는 낙서 그림책 _글 그림 강덕선 삼성출판사
생각하는 그림나라 _펴낸이 문제천 (주)은하수미디어
서울 삼성병원 처방전 _정신건강의학과 전문의 김도관 교수

치매 <small>아이같은 어른, 어른같은 아이</small>

발행일 | 2016년 9월 5일 초판 1쇄 발행
저자 | 김영민
발행인 | 강학경
발행처 | (주)시그마프레스

등록번호 | 제10−2642호
주소 | 서울시 영등포구 양평로 22길 21 선유도코오롱디지털타워 A401~403호
전자우편 | sigma@spress.co.kr
홈페이지 | http://www.sigmapress.co.kr
전화 | (02)323−4845, (02)2062−5184~8
팩스 | (02)323−4197

ISBN | 978−89−6866−814−2

어느날 갑자기 아버지가 사라지셨다. 평소와 다른 행동이 있기는 했어도 길을 잃은 적은 없던 분이셨다. 지금은 약물로 경증 치매를 앓고 계시지만, 그런 아버지의 돌발 행동은 마치 어디로 튀어오를지 모를 럭비공처럼 가족 모두에게는 주의, 수고로움이 따르는 일이었다.

이날 사건은 나에게 충격이었고, 이날 이후 어려운 과정의 과제를 맞으며 이 상황을 아버지와 함께 풀어 나갔다. 아버지의 어려움을 약물 치료와 함께 임상미술치료 자료이자 매뉴얼을 만들기로 하고 5~6세 아동의 심리상황에 주목하기 시작하였다.

심리적인 재활을 위하여 임상미술심리치료 검사와 함께 임상미술치료 재활을 위한 기본 포맷을 만들어 나갔다. 치매라는 상황이 치매상태에서의 심리적 상황과 돌봄에 어려움이 많음을 함께 하면서 알게 되었고, 꾸준한 약물치료는 기본이며 노인성 질환에 따른 재활치료 여가시간을 이용한 미술치료의 개입이 필요하였다.

치매는 누구에게나 올 수 있는 상황이며 일상의 질환이라지만 가족들에게는 너무 힘든 삶의 과제이다.

해지는 저녁 어둑 어둑한 밤길처럼 치매는 우리의 인생을 한줌 흙으로 인도한다.

2016 . 8

김영민

1 이 책의 의의 01

2 치유를 촉진하는 미술치료 07

3 치매란 무엇인가? 09

4 노인과 우울 11

5 치매검사를 위한 미술치료 13

6 HTTP 검사 29

7 면담검사 41

8 미술에서 미술이 평가자료가 되는 이유 43

9 시각이 지닌 뇌와 인지기능 49

10 인지향상을 위한 미술치료 53

11 의약품 개발을 위한 개량약리 119

이 책의 의의

::

2012년 겨울, 아버지는 길을 잃으셨다. 길을 잃고, 잃은 길을 찾아나오는 데 3일이란 시간이 걸렸다. 당시 경찰과 소방서 대원들이 이 집 일대를 뒤져도 그 어디에서도 아버지를 찾을 수 없었다. 3일이란 시간은 가족들에게 엄청 험난하고 어려운 숙제처럼 근심걱정의 만감이 스쳐가는 시간이었다. 다시 아버지를 찾았을 때의 기쁨은 이루 말할 수 없었다. 아버지의 초라해진 모습보다 보기 안쓰러울 정도의 심리적 황폐화가 보였기 때문이다.

이때부터 나는 아버지를 간호하며 미술치료적 영역에서 미술검사 영역을 도입하여 어느 정도의 생각과 사고를 형성해 가는지를 찾아나갔다.

처음에는 도형을 그리는 것조차 힘들어하던 2~3일의 시간이 지나고 점점 안정기를 접어들자 사고의 영역이 확장되는 듯했다. 가끔 웃기도 하고 말도 하고 회상도 하시며 나와 같이 심리검사의 일환인 미술심리검사를 시행하였다. 심리검사 형태의 미술심리검사를 통해 복잡한 구조적 사고의 결여를 발견할 수 있었다. 그 한 예는 한 번에 그릴 수 있는 그림을 보고도 따라 하는 데 힘들어한다는 것과 한 선 긋기에서 나누어 분절적으로 그림을 그리는 것이다.

이후 셈하기에서 덧셈의 과정을 무시 또는 찾아가려고 하는 숫자 맞히기는 연속되었으나 단순한 것은 할 수 있어도 복잡해질수록 어려워하였다.

모양 찾기, 길 찾기, 돌아 나오기 등의 활동을 통하여 아버지는 조금씩 자신에 대해 알아가는 듯했다. 자신만만한 것이라 여기던 단순한 그림에서 어려움에 봉착한 아버지는 "내가 나이가 들었구 먼."이란 말을 많이도 하셨다. 바로 내가 원하던 것이었다.

이 책은 이런 의미에서 치매에 놓인 어르신을 위해 만들어진 책이다. 물론 치매를 이길 수 있는 방법은 없다. 서서히 노화와 함께 더 심해지는 것이 치매이기 때문이다. 하지만 약을 복용함으로써 치매를 더 건강한 삶의 치매로는 바꿀 수가 있다. 감정을 표현하는 데 익숙하지 않은 어르신들은 그들의 아픔을 정확히 얘기하지 않는다. 수많은 약봉지가 어르신의 책상서랍에 쌓여가며 이 약 저 약 많은 약들을 복용하며 아픔을 참아가신다. 하지만 아픔을 정확하게 얘기할 수 있을 때에야 비로소 정확한 처방이 나온다.

치매약의 구성은 아주 중요한 역할을 한다.

실버트립이란 치매약은 치매 기능을 늦추는 데 있다. 약리적 효능은 치매환자군에게 가장 보편적으로 쓰이는 약이다. 큐티핀은 치매 어르신의 무료한 일상을 약하게나마 잊게 해주는 역할을 하는 약물이며, 아티반은 치매 어르신의 불안한 감정을 안정시키는 역할을 하며 모든 약리적 작용을 완화해주며 부작용을 줄여준다. 아로민은 비타민 D군 복합제로 약간 신경이 날카로워질 수 있으나 야외출입을 못하는 어른들에게는 필요한 영양소이다. 팍식 CR정은 우울증 치료를 위해 만들어진 것이나 약간의 우울한 기분을 조금 위로해주는 약물이다. 약물에서 치매는 여러 수십 수만 가지의 약물이 존재한다. 이것을 한 개씩 복용하면 그 기대로는 약의 효과를 얻기가 어렵다. 그 외 수면장애와 불안장애 치료에 데프라는 혈압안정제로 쓰이나 신경을 안정시키고 혈압을 조율해준다. 이티반은 불안 및 신경안정제로 약물의 부작용을 낮추고 융화시키며, 환인벤조트로핀정은 공황장애치료제로 쓰이나 때로는 공황과 비슷한 장애가 나타나기도 한다. 하지만 신경안정제로서의 역할은 탁월하다. 조현증에서 자이프렉스사정 울란자핀은 조현증치료제로 쓰이며 뇌관에 작용한다. 헬로페디돌은 안정제로 가끔 용량 초과 시 불안한 증상이 나타나기도 한다. 리보트릴은 공황장애치료제로 신경을 안정시키고 기분을 이완시킨다. 환인세로자트는 범불안 강박장애치료용으로 우울증에 따른 신경을 안정시키는 역할을 한다. 스트레스 증상에는 테프라로 혈압을 안정시키는 데 쓰이나 신경을 안정시키고 혈압을 조율한다. 리보트릴은 공황장애치료제로 쓰이나 신경을 안정시키고 기분을 이완한다. 한독세로자트는 범불안 강박장애용 치료제이나 우울증에 따른 신경안정제로 쓰인다. 아티반의 효용은 여러 모로 쓰인다. 정신약물의 부작용을 낮추어주는 역할뿐 아니라 신경을 안정시키고 불안감을 덜어주며 우울감에 따른 기분을 조절하게 도와준다.

이와 같이 약물에서 정신건강의학과 약물은 중요한 기능을 가지고 있다. 약과 심리적 치료가 적절하게 이루어질 때 안정된 심신을 유지할 수 있는 것이다.

이런 의미에서 치매에 놓여 있는 어르신들의 약물 복용은 아주 중요하다. 약물을 복용함으로써 감정을 콘트롤할 수 있을 뿐만 아니라 차분해질 수 있기 때문이다. 또한 이 책은 5급 치매 환자를 위한 치매서이다. 정신건강에서 5등급 치매 환자들은 대부분 가사노동을 할 수 있을 정도의 인지기능은 갖고 있으나 다소 많은 사람의 보살핌이 필요한 환자 군락이다.

국민건강기금에서 치매 5등급을 위한 돌봄기관이 많은 것이 특징적이다. 이러한 치매 어르신 대상의 서비스를 주로 하는 주간보호센터와 가정방문간호서비스센터 인력들은 1시간씩 치매 어르신들과 함께 인지 프로그램을 해야 한다. 인지 프로그램의 대부분은 미술치료 프로그램으로 이루어져 있다. 현행 인지 프로그램은 그 인지 척도를 맞추어 프로그램을 진행하기 어렵게 되어 있다.

하지만 이 책을 통해 어느 정도의 사고 능력을 갖고 계신지, 어느 정도의 활동이 가능하신지, 문제 해결 능력을 어느 정도 가지는지를 알 수 있다.

이 책은 단순히 나의 아버지의 모습을 담고 있기도 하지만 임상미술치료가로서 치매가 가지는 잘못된 오류들을 바로잡는 데 그 목적이 있다.

책을 쓸 때는 아버지를 대상으로 해서 그 해결책을 찾으려 하였으나 아버지로 인해 더 많은 어르신들이 그 혜택을 볼 수 있음을 인지하게 되었고, 그래서 나는 이 책을 2년간이란 시간 동안 천천히 써내려갔다. 물론 책을 만든다는 것은 쉬운 일은 아니다. 하지만 한 권의 책은 다른 사람에게 도움을 줄 수 있다는 생각에 이 책을 마감하기에 이른 것이다. 또한 치매를 위해 많은 책들이 나와 있는 현실에서 치매를 이해하고 치매란 무엇인가라는 물음에 치매란 단순히 길을 잃은 형태만 일컫는 것이 아니다. 이건 단순한 한 사건에 불과하다라는 것이며, 나이가 들면서 점차적으로 사물의 인식이 늦어지고 추리력과 해결력에 결함을 보이기 시작하는 시기를 치매시기로 보는 것이 정확하다.

치매 어르신의 색의 사용에서 다양한 색을 사용하지 않고 단색으로 모든 사물을 표현함, 형태의 그림에서 구불구불한 선들의 느낌은 다소 몽환적이기까지 하다. 나무그림에서는 대부분 버드나무를 많이 그리고 있으며, 회귀본능적인 측면을 집을 통하여 초가집을 많이 그린다.

임상미술치료 전체적 표현에서 이러한 특징은 치매가 노인이라서가 아닌 점도 있지만 나이에 따른 다소 나약함, 빈약함의 표현이 주를 이루기 때문이다.

　미술에서 치매를 어떻게 다루어야 할까의 문제는 우선 어르신으로서의 공경심이 바탕이 되어야 할 것이다. 이후 활동을 통하여 함께 학습하는 치매 프로그램이 되어야 할 것이다. 시간, 때, 공간을 인식 못 하는 치매 어르신을 보며 "이것은 이렇고요, 이렇게 하면 이런 때가 되어요." 하는 식은 학습 프로그램으로 치매 어르신을 다시 공부하게 하는 것이다. 치매를 통하여 배울 수 있는 것은 누구나 인생에서 늙음을 경험하며 영혼의 가치를 깨달아 간다는 것이다. 늙음이 지혜로운 늙음이 된다면 치매라는 말을 사용하지는 않을 것이다. 하지만 치매에 걸렸다 하여 모두가 어리석다라는 것은 아니다. 치매란 시간이기 때문이다. 치매를 통하여 우리가 알아야 할 것은 이해하는 마음이다. 이 이해하는 마음이 잘 안 될 때는 짜증이 나고 괴롭고 힘이 든다. 그들은 왜 그리 고집스러운지, 그 고집 때문에 붙들고 울고 싸우고 한다. 잠시 시간을 두어 그대로 내버려두기를 통한다면 시간이 해결해 줄 일을 우리 감정은 더 깊은 골로 어르신에게 상처를 주는지도 모르겠다.

　이 책은 치매 어르신들을 위해 그들만이 만들어나가는 책이다. 한 페이지 한 페이지를 그려나가며 생각하기를 반복함으로써 좀 더 나은 모습의 나를 만들 소양을 만들어가기 위한 책이라는 것이다. 단순히 교육용 치매 지식을 전달하는 책이 아니며 치매 어르신 혼자 책장을 넘기다 보면 어느새 자신이 이런 문제는 이렇게 해결하면 되겠구나라는 생각에 이르게까지 도와주는 책이라는 데 있다.

　이 책이 주는 감사는 아이 같은 어른, 어른 같은 아이라는 데 있다. 처음부터 다시 알아가는 과정, 그 과정 속에서 자신의 지식을 조합시켜 주며 좀 더 성숙되는 치매 어르신이 되는 과정의 책으로 쓰였다.

치유를 촉진하는 미술치료

::

이미지 트레이닝은 걸을 수 없는 환자에게는 걷게 하는 동기부여가 된다. 마찬가지로 치매 환자나 어떠한 상태에 있는 사람들에게 동기를 주는 것이 이미지다. 이미지란 실체성은 없다. 하지만 우리의 뇌는 그것을 이루게 하는 힘이 있다. 불가능할 것 같았던 생각이 가능함으로 움직일 때 우리는 이를 가리켜 이미지 트레이닝의 결과라 한다. 가령 스포츠 선수들이 이미지 트레이닝을 통해 자신이 변모해 가는 것을 스스로 느끼는 현상과 결과는 이미지 트레이닝의 효과이다.(만일 너희에게 믿음이 겨자씨 한 알만큼 있어도 이 산을 명하여 여기서 저기로 옮겨지라 하면 옮겨질 것이요 또 너희가 못할 것이 없으리라–마태복음 17 : 20)

미술이란 이미지의 표현이며 이미지를 현실화하는 작업이다. 즉 미술치료란 환자의 재활의지를 만들고 창작이라는 결과물을 만들어낸다.

우리는 두 개의 창고를 가지고 있다. 마음의 창고와 뇌의 창고이다. 마음과 뇌는 연결되어 있고 육체는 쓰임을 받는다.

이 이미지트레이닝을 연습하는 데 있어 미술치료는 정서적 안정감이라는 활동 외에 자신의 자아감 회복, 정체성의 극복을 도와주며 시각화라는 장르와 창작이라는 장르, 사물표현의 능력적 기술 습득이라는 다양한 미술 특유의 특성이 인체의 감각기관을 자극하는 전도체로서의 역할을 한다.

마음의 시각화는 조절과 정도의 차이를 보이지만 부정적이든 긍정적이든 창작품이 자신의 일기장처럼 비밀을 드러낼 뿐이다.

마음을 치료하는 데 승화되지 못한 미술치료는 헛된 것이다.

의뢰인을 다루는 데 자신을 인정하지 않는 내담자를 보면 화가 나는데 치료사는 내담자를 어떻게 다루어야 할까?

왜 왔니. 어디가 아프니, 무슨 사건이 있었니, 진짜로 너 환자 맞니, 알고 싶니 등 이러한 여러 감정에 화나는 건 인정하지 않는 내담자 마음 표현 때문이다.

다행히도 "나도 너 같은 마음이었어, 너를 충분히 이해하고, 얼마나 아픈지 난 알고 있단다."는 말하지 않아도 보인다. 뭐 그리 장황한 것들이 많은지 혼돈스러움이란 충분한 의사결정이 있는 내담자의 예기가 무엇보다 중요하다.

치매란 무엇인가?

::

치매란 인간의 노화에 따른 일어날 수 있는 가능성의 실수들이다. 우리는 일상생활에서 습관화되어 있던 일들이 어느 순간 멈추어 버리는 현상이라 할 수 있다. 치매 당사자는 그것을 인식하는 데 오랜 시간이 필요할 수도 있다.이는 인간의 노화는 겉모습만의 노화뿐 아니라 뇌기능상의 노화를 가져오기 때문이며 진행된다는 것이다. 그러면 건강한 노화란 가능한 것일까. 물론 불가능할 수도 있다. 그도 그럴 것이 노화란 것이 신체의 기능도 점점 노쇠화되고 뇌의 기능도 예전만 못하기 때문이다.

　밥을 짓다가도 태워버리는 일이 잦고, 갑작스럽게 성격의 변화가 오고, 배회하다 길을 잃고, 집을 찾아오지 못하는 등 일상에서 그냥 일반적으로 느끼는 현상이 어느 순간 정지하여 다른 낯선 장소로 느끼며, 행동양식의 실수라 할 수 있다. 이러한 것이 가족에게 사건이 될 때 비로소 치매라 할 수 있다. 치매 초기에는 잦은 실수와 인지능력의 퇴화라고 하지만 가족구성원들의 따뜻한 돌봄이 필요한 시기이기도 하다. 또한 만성 노인성 질환으로 노년기의 건강관리는 가족구성원들의 도움을 받아야 한다. 만성질환은 일상생활 수행에는 지장이 없다고는 하나 동작수행에 많은 어려움이 있으며, 불편감과 통증을 가지는 노인이 대부분 이라는 것이다.

노인과 우울

::

노년기의 우울은 노년기 전반에 걸쳐 나타난다. 노년기 우울의 주된 원인은 경제적 사정의 악화, 소일거리의 감소, 만성신체화 증상과 질병, 자녀의 출가, 홀로 남음, 일상생활의 자기검열 약화, 지나온 세월에 대한 회고 등이며, 그중 주된 증상은 만성신체화 증상, 질병의 통증 증가, 사회적인 반응에 자기 자신의 사고나 감정에 의한 집착된 사물판단으로, 이는 노년기 우울이 단순히 개인의 문제가 아니라 사회 진행과정의 문제이며, 노년기 우울은 정서적 불안과 경제적 불안정이 공존하며 사회관계에서 제외됨은 인체의 노화와 질병의 진행에 의해서이다. 이는 노년기의 환경에 가족의 돌봄과 주위의 돌봄이 필요한 시기라는 데 있다.

이러한 이유에 의해서 노년기의 우울은 대부분 만성적 신체화 증상과 무관하지는 않으며, 경제적 결핍으로 인한 정신의 황폐화 현상은 노년의 삶의 질을 떨어뜨린다. 노년기의 우울이 가지는 특징은 질환이라기보다는 삶의 과정에서 자연스럽게 다가오는 시간의 죽음이라는 데 있다.

치매검사를 위한 미술치료

::

일반적으로 치매검사는 일상행동에 지장이 없는지, 잘 따라 그리는지를 평가에 두고 있다. 하지만 치매란 인간의 의식이 정교하게 짜인 것들이 잊히고 황폐화된 정신과 의식 정보 세계란 것을 인지해야만 한다.

치매를 통해 알 수 있는 것은 치매가 노인이 되면 자연스럽게 마주하는 현상이라는 데 있으며 또한 자신이 치매인지조차 알지 못하는 경우가 허다하다.

일단 치매를 알기 위해서는 일상의 행동, 동작, 양식을 이해하는 것도 중요하지만 인간의 뇌가 기억하고 활동하는 데 어느 정도의 기능성을 갖고 있는지에 초점을 맞추어야 할 것이다.

건강한 치매가 되기 위해서는 치매를 앓더라도 치매 현상을 인지하고 교정할 수 있는 어르신이 되어야 한다. 현행 치매 평가의 문제는 일상행동의 검열이 주를 이룬다. 하지만 치매 어르신이 더 불편해하는 것은 인간의 의식과 현상 잊힘, 망각, 환영 등의 여러 현상에서 겪게 되는 어려움이다. 영을 인식하는 나이에 치매를 앓고 있는 것은 아이가 되어 가고 있으며, 아이가 처음 상태로 되돌아가고 있음을 의미한다. 그런 의미에서 노인의 일상이란 생존과는 달리 인간의 역할과 수행, 노년기의 건강한 삶을 이해해야 한다. 그런 의미에서 보면 이 책의 치매검사를 위한 미술치료는 단순히 검사를 위한 것만이 아닌 인지적 평가로 시행된 것들이다.

치매 어르신들은 사고, 판단의 융합을 분절적으로 한다는 것을 검사자료를 통해 알 수 있다. 통합적인 사고와 해결능력이 아니라 분절적이며 단편적이라는 것이다.

이런 검사의 틀을 만들게 된 데에는 미술의 장르에서 해결능력이라는 통합적 사고 능력이 개입되기 때문이다. 전체 속에서 하나씩 표현하는 미술방식은 결과적으로 선 하나로 전체를 이루는 데서 그 의미를 찾을 수 있다.

이 검사는 도형이라는 단순하지만 선으로 연결된 각 도형을 한 선 긋기로 마침으로써 어르신의 사고적 내용을 점검할 수 있다. 이 검사를 통해 좀 더 가치 있는 삶을 마지막으로 설계하고 정리할 수 있는 미래지향적 판단을 알려줌으로써 그 결과에 따른 자신을 바로 보고 알게 함으로써 긍정감 있는 삶을, 수긍하는 삶을 살아가는 데 도움을 준다.

본 검사는 미술 치료 검사이며 심리 평가 검사로서 새로이 형성될 수 있는 치매 환자의 평가 도구이자 인지기능의 평가로 그릴 수 있는 그림을 방법적으로 어떻게 인지하며 그리는가를 보여주는 검사양식과 검사자료이다. 검사에서 어색함을 없애기 위해 도식화된 그림을 사용하지 않음으로써 편안한 그림 검사가 되도록 유도하였다.

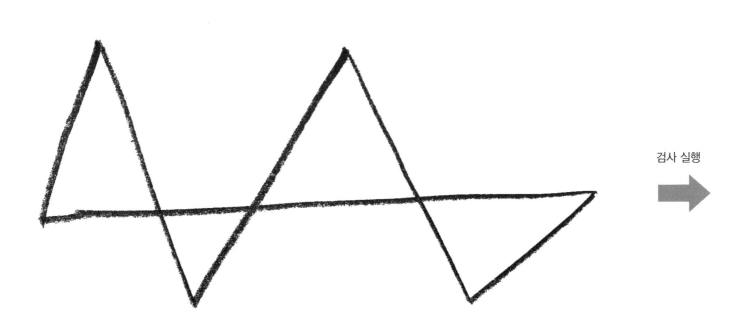

검사 실행

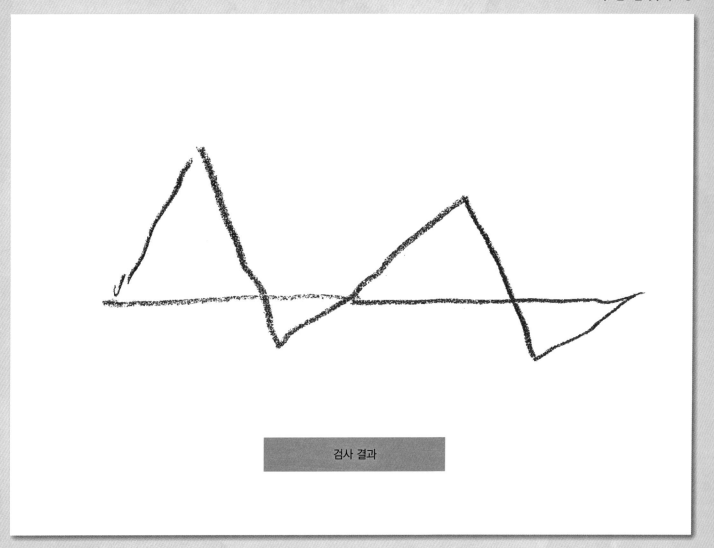

검사 결과

검사 실행

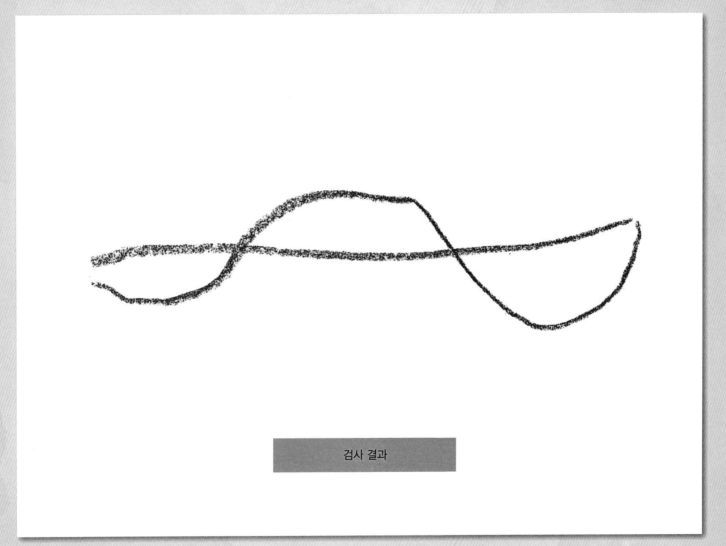

검사 결과

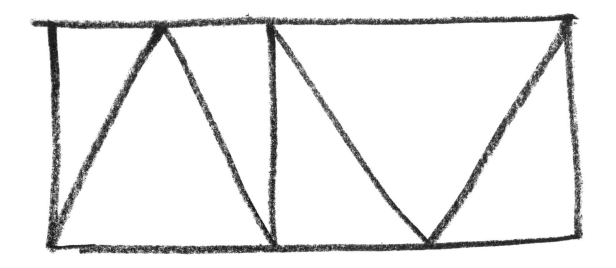

검사 실행

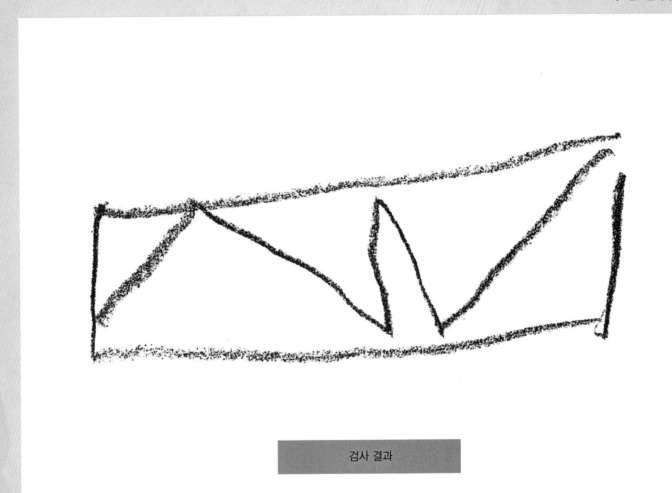

검사 결과

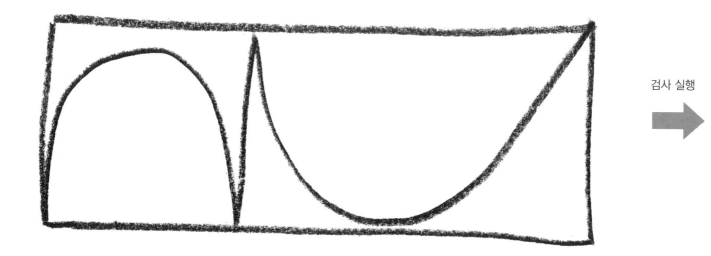

검사 실행

22

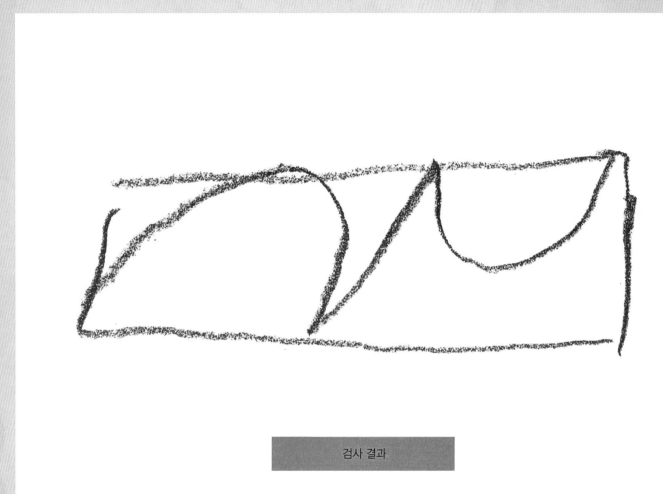

검사 결과

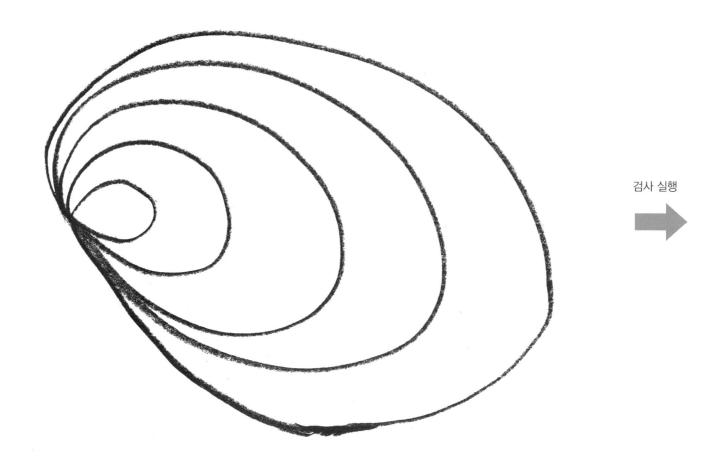

검사 실행

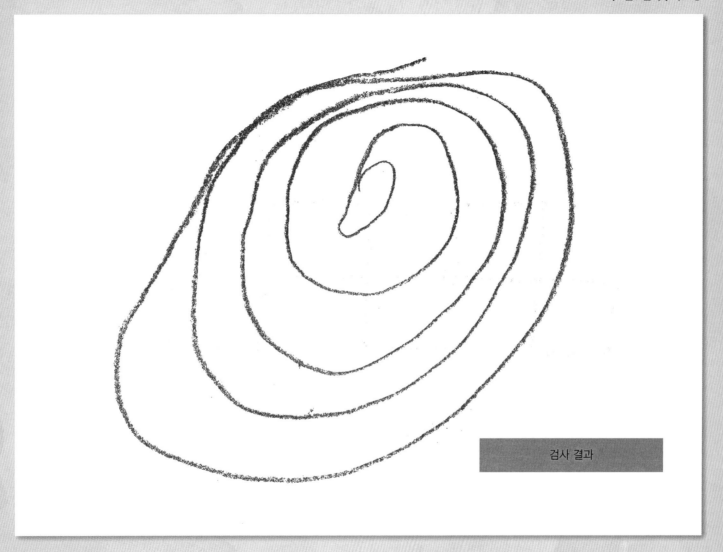

검사 결과

검사 실행

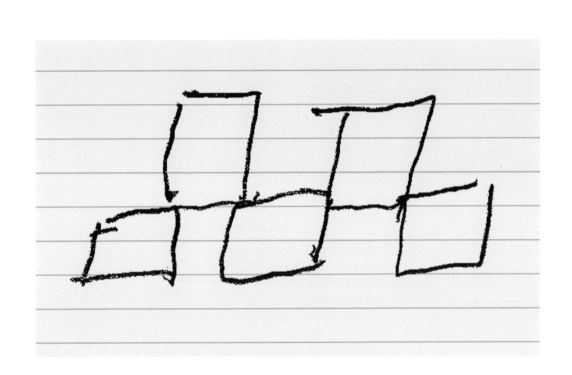

검사 결과

이름 : 000
나이 : 76세
만성 노인성 질환 있음. 후유장애 50%(자동차 사고로 양 무릎 골절상)

일상생활 동작은 가능하나 분절적 사고양상을 보인다. 손떨림현상이 있으며 불안정한 선의 느낌으로 볼 때 불안적 감정요인이 있음을 알 수 있다.

그림검사는 그 사람의 과거력과 현재의 상황을 이해하는 데 도움을 주는 좋은 자료이다.

현재의 분절된 사고가 통합 사고를 만들어 내지 못함으로써 일상 생활에 많은 실수를 할 수 있다. 작업 수행에 있어서 순서, 순차를 인지하지 못함으로 인하여 각종 문제에 부딪힐 요소가 있음을 알아야 한다. 분절된 사고가 통합적 사고로 미리 예측하고 행동할 수 있는 조리 있는 사고 능력이 필요함을 시사한다.

HTTP 검사

::

HTTP검사는 무의식의 의식화 작업이다. 초기 면담에서의 내담자의 정서를 알기 위함이며 현재 상황의 검사자료로 회기에 따른 연속성을 가지고 있다. 또한 내담자의 반응으로써 과거적 · 현재적 관점만 반영한다.

이는 무의식에 따른 생활의 기억과 내담자의 성격, 방어력의 정도, 내면성의 검사이며 무의식의 현실검증이자 무의식의 내면화에 따른 내담자의 개인적 적응과 부적응의 숨겨진 측면에 대한 통찰력을 검사자에게 준다. 그러므로 검사자에게 HTTP 검사는 그림검사만으로 수많은 정보를 얻을 수 있으며, 내담자와의 시간을 줄여 주도적으로 상담을 이끌어 갈 수 있는 중요한 검사이다.

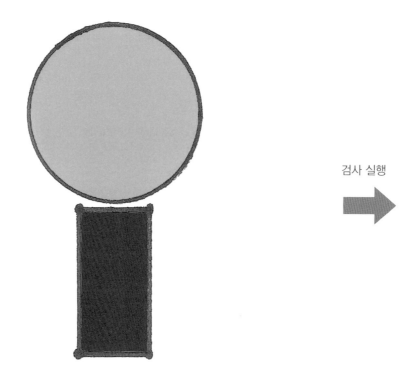

검사 실행

검사 결과

집을 그려보세요

검사 실행

검사 결과

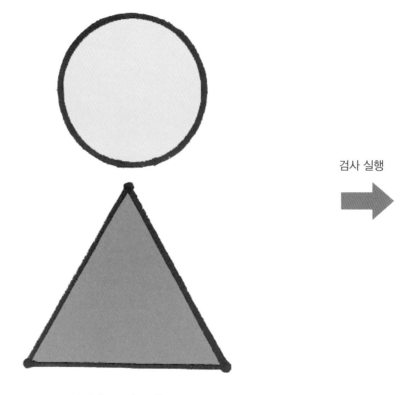

검사 실행

사람을 그려보세요.

검사 결과

검사 실행

화산을 그려보세요.

36

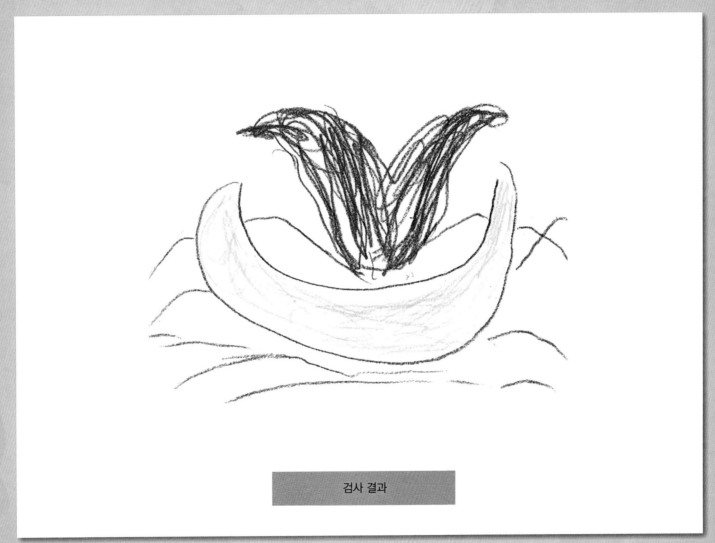

검사 결과

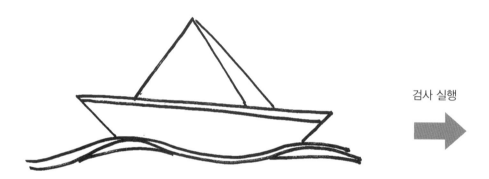

검사 실행

파도를 그려보세요.

검사 결과

이름 : 000

나이 : 76세

만성 노인성 질환 있음. 후유장애 50%(자동차 사고로 양 무릎 골절상)

나이가 많음은 나무그림에서 수령이 오래된 버드나무를 그려놓고 있다.

심리적 불안이 보이는 나무그림에서 뿌리가 드러나 곧 넘어질 듯함을 보인다.

집그림에서 방어기제가 심함을 드러내며 가족적이고 화목함을 드러내고 있다.

화의 감정을 잘 다루며 남에게 피해가는 행동을 하지 못함을 화산그림에서 알 수 있다.

지적능력이 좋으며 표현력이 좋고 부드러운 내면을 갖고 있다.

배의 그림에서 항상 안정적인 것을 소원함이 보이며, 인체 표현에서의 다소 어색함을 보이는 것은 노년기 현상적 질환과 연관됨을 암시하고 있다. 문제의 집그림에서 방어기제가 너무 심하여 말실수를 많이 하며 거짓과 꾸밈이 있는 이야기를 잘하나 다행스럽게 소박함을 즐겨 하는 유형임을 알 수 있다. 또한 성냄을 혼자 함으로써 남에게 화풀이를 하지 못하고 피해를 주기 싫어하는 성격임을 HTTP 화산 그림을 통해 알 수 있다.

7

면담검사

::

면담검사는 치매 어르신의 잘못된 사고와 행동을 이해하는 데 도움을 준다. 면담을 통해 치매 어르신이 겪는 어려움이 잘 드러나기 때문이다. 대부분은 환경적 어려움, 특히 생활, 경제적 어려움을 이야기하다가도 꿈에 관한 이야기를 많이 한다. 그 이야기를 들어보면 죽음과 관련되거나 사별하는 것이 주를 이루며, 옛날 생각, 추억을 소재로 하여 벌어지는 일상의 사건들을 종종 접할 수 있다. 그러므로 치매 어르신과 면담시간을 갖는 것은 면담에서의 현재 의식의 상태를 알아가며, 놓치기 쉬운 많은 정보를 면담을 통해 보다 현실감 있게 접하는 계기가 된다. 또한 면담을 통해 병리적인 현상과 접하는 시점을 이해하고 해결하는 데 도움이 된다.

상담자 어쩌다 길을 잃으셨나요?

면담자 내가 뭔가에 씌였지 정신없이 가다 보니…

상담자 산에서 하루 반나절을 보내셨는데 밤은 어떻게 나셨나요?

면담자 배를 운전하던 기술이 있어 용케 피했지. 자는 건 가랑잎을 덮고는 잤어.

상담자 보통 우울한 기분이 드실텐데 주로 몇 시면 그런가요?

면담자 밤에 잠이 오지 않아 2~3시면 항상 울적한 기분이 들지.

상담자 주로 다니던 길인데 어떻게 그 길을 잊게 된건가요?

면담자 나도 모르겠어. 분명 어머니를 본듯한데 따라가다 보니…

상담자 손을 들어 쭉 앞으로 뻗어 보세요.

면담자 (손떨림이 보임.)

상담자 오늘 수고 하셨어요. 가서 쉬세요.

8

미술치료에서 미술이 평가자료가 되는 이유

::

임상미술에서 그리는 행위가 평가자료가 되어야 하는 이유에는 여러 요인이 있다. 심리검사 자료처럼 짜여져 있지는 않지만 자연스런 스며듦이 있어야 한다는 것이다. 협응 단계에서의 어르신네와 미술치료사 간의 신뢰가 쌓여 자연스럽게 자신의 고민을 그림에 풀어놓을 수 있어야 한다는 것이다.

그러한 요소에서 그림은 과연 어떤 것을 필요로 하는가? 통합적 입장에서의 미술치료에서 보이는 요소를 보면

1. 그림을 자유롭게 편하게 표현한다.
2. 그림검사의 해석은 상담을 이끄는 도구로 활용한다.
3. 그림은 자신의 해석의 틀로 바라보지 않는다.
4. 시간을 두어 그림의 해석의 틀을 좁혀간다.

5. 어르신의 공간과 심리현상을 존중한다.

이는 아주 중요한 의미가 있다.

어르신을 이해하는 데는 많은 시간이 걸린다. 가까이 있는 나조차도 아버지의 심리상황을 이해하고 있지는 않았다. 미술심리치료를 하면서 객관적인 실체, 삶의 참여, 사고와 느낌과 행동에 있어서 동일시하는 현상과, 그리고 개체로서 자신의 모습을 찾아가는 창조하는 투쟁의 과정을 보며 때로는 격려와 함께 아버지가 읊조리는 구성진 노래에 맞추기도 하는 자유로운 작업이었다. 이러한 미술치료사의 역할과 어르신이나 내담자의 미술작품과 행위에는 치료사를 통찰로 이끄는 경험적 자아의 해방을 느끼며 경험의 망각, 심리적 거리의 퇴행, 그리고 반영이 일어난다.

하지만 노년을 다루는 데 있어서 가장 중요한 것은 인간의 양극성의 결과인 갈등과 불안이다. 불안이란 주관적·객관적 의미에서 볼 때 삶의 문제들이 나타나는 지점일 뿐만 아니라 건강의 신호음처럼 건강의 때를 알리는 알람과도 같다. 심리적 불안은 초조, 강박, 입마름 등 표현과 표정이 없이도 보이며, 현 심리 상태, 현재의 갈등 요소가 무엇인지를 알게 하며, 어르신 본인이 겪고 있는 심리적 문제의 해결에 단초를 마련한다. 즉 심리불안이 없다면 화를 내는 행동의 감소를 가져올 수 있으며, 이상행위 행동양식을 해결할 수 있게 도와주기 때문이다. 그러므로 실존주의 철학에서처럼 건강하고 정상적이며, 그리고 바람직한 것이라는 것이며, 불안에 대한 거부는 억압, 합리화, 반동형성, 신경증적인 불안을 가져오며 우리들의 실체를 거부하는 것으로 올바른 통찰을 할 수 없게 하는 것이 불안이기 때문이다. 노년기의 불안에는 많은 요소가 있지만, 고혈압과 같은 신체증상, 알코올 중독, 우울 같은 행동심리적 증상을 초래하며, 이러한 불안을 통하여 자신의 세계

에 대한 진실한 경험을 한다는 것이다,

그러나 존재적인 불안을 느끼는 것은 두려움이다. 노년기의 불안 중 불안에 따른 두려움의 고통, 즐거운 삶에 대한 가능성은 불필요한 제한을 받게 되며, 불안은 통찰의 다른 자원을 밝히며 어르신의 불안을 느끼며 공포스러워함은 인간 존재에 대한 기본적인 사실들에 대한 이상 혹은 영의 어떠한 죽음과도 같은 다가오는, 가까이 접하는 세계의 경험일지도 모른다.

사람들의 심리적 문제란 바로 지위, 개별화와 출생, 악, 허무주의, 그리고 죽음에 대한 불안으로 불안 요소에는 자연계에서 볼 수 있는 현상과 볼 수 없는 감각적 현상이 혼재해 있으며, 자아적 보호작용이 따르며 이것을 심리학적으로 방어기제라고 한다.

이러한 방어기제는 노년기 어르신에게서 더 많은, 더 강한 방어기제를 볼 수 있으며, 참인지 거짓인지 모를 정도로 자연스럽다. 그래서 그런지 난 아버지의 거짓말에 참말로 잘도 속아 넘어가 주었고, 내심 아버지는 속아 주는 아들을 보면 기뻐하셨다.

또한 치료자는 어르신의 특성을 파악해야 한다. 즉 어르신의 심리적 증상을 완화시키는 것도 중요하지만 어르신의 감각을 수용하고 신뢰하는 섬세한 치료자로서의 태도는 어르신 자신의 병을 치료할 수 있게끔 도와준다.

이는 어르신의 병적 고집스러움에 접했을 때 그것을 왜 해야 하는지 또는 왜 못하게 해야 하는지 의무적 사실보다는 어르신이 하고자 하는 욕구대로 그대로 두는 데 의미가 있다. 그 후 그 사건의 결과를 보며 어르신과 함께 대화로 편안하게 풀어간다면 좋지 않을까?

또한 미술치료사는 어르신의 미술 표현과 창의성에 대한 다른이보다 감정이입이 자유롭고 인간 존재의 양극성에 대하여 어떻게 살 것인지를 선택함에 지켜보는 배려의 역할이다.

창조된 의식은 경험과 감정에 의미를 두나 이들이 서로 모순된 것이 아니며, 완성된 작품에 주어지는 궁극의 의미, 사람의 가장 진실로 경험한 일, 경험하고 싶은 욕망의 일이다. 그러므로 미술이란 매 순간순간 이상의 세계와 현상의 세계가 밀접하게 관련되어 이성적으로도 도저히 묘사하기 힘들거나 불가능한 것도 묘사할 수 있도록 한다.

평소 의식할 수 없는 무의식의 세계는 노년기인 어르신에게는 일상일 수도 있다. 이는 우리가 생각하는 것 이상으로 개개인의 삶의 양식에 넓은 영역을 차지하고 있으며, 이러한 무의식의 존재를 안다는 것은 어르신의 지배적·집착적 심리표현을 이해하고 이로 말미암아 심리적 갈등요인의 해석도 가능한 것이 임상미술치료가 가지는 힘이자 평가자료로서 기초 디딤 역할의 미술치료가 되어야 하는 이유이다.

그리고 일상에서 다양한 경험과 여러 가지 방법을 자신만을 스타일화해야 한다. 책의 내용과 현장의 내용은 너무 다르다. 아니 밥 따로 국 따로이다. 하지만 밥과 국을 말아서 먹을 수 있어야 하는 것이 미술치료사이다. 우선 상담적 기법을 상식적으로 이론적으로 접근하려는 것은 큰 오산이다. 상담을 잘하기 위해서는 어르신이 무얼 원하는지, 그 원하는 것을 주는 것이다. 그래야 미술치료의 개입이 가능하다. 하지만 미술의 해석과 분석에 자신이 일가견이 있다고 하더라도 임상에서 상담적 기술은 미술 적용 단계에서부터 아주 중요한 역할을 하며, 미술적 이해 없이 내담자의 그림을 분석하는 것은 많은 위험 문제를 안고 있다.

임상미술치료가 평가자료는 아니라고 하지만 사실상 그림 자체는 평가자료이다.

이 책은 심리검사적 지능평가, 지적 능력평가, 인지적 능력평가, 문제해결 능력평가를 다루는 데 평가로서의 미술치료적 검사자료로 구성되어 있다.

미술이 왜 평가자료가 되어야 하는지는 아무도 모른다. 하지만 자연스런 평가자료가 되어 있는 자연스런 평가물이다. 이러한 평가물에서 해석을 얻는 것이 암상가들의 역할이다. 과거 임상가는 내담자의 애기를 경청하는 데 모든 에너지를 쏟았다. 오늘날의 임상가는 쏟아내기, 내담자에게 쏟아내기를 통하여 내담자의 본연 모습을 찾을 수 있게 도와준다.

1시간이 걸리던 내담시간은 쏟아내기로 30분 10분이면 끝이 나고 내담자의 그림을 통하여 몇 시간 며칠을 골머리 썩어가며 이해하려는 것이 임상미술치료사의 모습이다. 그리고 그것이 미술이 평가자료로 쓰이고 내담자의 문제해결에 도움을 줄 때 진정한 가치가 있다.

9

시각이 지닌 뇌와 인지 기능

::

인간의 시각은 인체 전체 활동에서 얼마만큼의 메커니즘을 가지고 우리는 활동하는가? 인간에게는 오감이 있다. 그중에 시각은 가장 으뜸의 기능을 한다 할 수 있다. 소리에 의한 인간의 행동반사 과정과 시각에서 오는 행동반사와는 많은 차이가 있다.

소리는 훈련에 의하여 정교화되지만 시각은 보는 즉시 행동으로 옮겨진다. 그럼 시각의 전달경로를 생각해보자. 시각은 먼저 '본다'라는 의미를 둘 수 있다. 보다-시신경세포의 전달-뇌신경의 전달-뇌세포자극-뇌세포의 활성화-뇌신경의 명령-운동신경으로 전달-감각신경-행동(역전이적 작용수행하여 회로와 같이 움지임) 시각전달의 경로이다.

그럼 뇌의 구조적 측면을 이해할 필요가 있다.

뇌는 인체 전 감각기관의 명령체계를 가지고 있다. 즉 인간은 뇌의 활동으로 행동한다. 뇌로 전달되는 신경의 경로는 감각과 상통한다.

다시 원점으로 돌아가서 시각이란 무엇인가? 시각이란 '본다'라는 의미를 넘어 운동과 감각기관에 영향을 미친다.

시각적 충격은 뇌의 충격으로 감각기관의 통증으로 유발된다. 이것은 인간의 감각기관인 세포의 신경자극회로로 뇌에 통증으로 전달되는 것이며, 이는 인간의 세포와 감각세포가 죽어 뇌로 전달됨을 의미한다. 그러므로 미술이 가지는 힘 그것의 기초가 색이 되지만 그 속에는 의미와 상통하는 메커니즘적 작용으로 시각으로 받아진 사물이 인간의 뇌 세포를 자극하는 이치라 할 수 있다.

달리 말해 색이라는 것이 파장을 가지며 그 파장은 인체를 투과하는 것과 같은 성질을 가진다. 그러나 고유한 의미로 인간의 뇌에 전달되기까지 인식의 기능이 작용한다. 이러한 인식의 작용은 뇌의 영역적 역할로 전달되어 그것이 치료적 확장으로 다가오는 것이다. 그러므로 색이란 고유의 치료적 효능에 사물의 상징과 의미의 고유한 해석은 임상미술치료적 기법으로 작용하며 임상미술치료는 의료재활이 가능한 영역과 미술영역으로 그 의미를 확장하여 임상현장에 적용하고 있다고 할 수 있다.

1978년 독일의 물리학자 프리츠 알버트 포트 박사가 모든 생명체는 세포단위에서 생체포톤(bi-photon)을 발하고 있다는 사실을 입증했다. '포톤이란 에너지와 운동을 가지고 있는 일종의 빛의 입자'로, 포트 박사는 생명체가 물질적 육체 외에 전자장적 에너지체를 가지고 있다는 사실을 발견했다. 이 포톤이라는 극미한 빛 또한 일반적인 빛과 마찬가지로 저마다의 온도와 파장이 있기 때문에 스펙트럼상에서 색을 발하고 생명체의 기본단위는 세포이고 세포는 미토콘드리아라는 '소형발전소'에서 활동에 필요한 에너지를 공급받습니다. 이때 미약하나마 가시광선이 방출되는데 이 빛이 바로 포톤이다.

바이오포톤의 개념은 1920년대 옛 소련에서 처음 제시됐으며 이후 독일과 일본에서 1970년대부터 이를 측정할 수 있는 장비가 개발돼 왔다. 최근에는 광증폭기로 이 미약한 빛을 100만 배 이상 증폭할 수 있어 마침내 '생명의 빛'이 기계로 관찰되기 시작한 것이다.

우리 인체는 60조 개의 세포들이 모여서 형성된 거대한 조직체이기 때문에 이론상으로 인체는 60조 개의 세포들이 60조 가지의 서로 다른 색채를 내뿜고 있는 색채 혼합물과 같다. 물론 이 색채 혼합물 속에는 우리 인간이 인식할 수 있는 색채는 물론이고 인식하지 못하는 색채들까지 다양하게 분포하고 있으며, 이렇게 형성된 색채가 자장의 형태로 나타난 것이 우리가 흔히 '오라' 혹은 '후광'이라고 하는 것이다.

생체에서 발해지는 오라(Aura)는 킬리언사진기나 오라컴 등과 같은 특수장비를 써서 확인할 수 있으며, 동양의 고전인 황제내경에도 이 오라와 유사한 의미의 '위기(衛氣)'라는 것이 언급되어 있다. 동양의학에서는 5장 6부의 허실로 인한 병인 이외에 오늘날 바이러스, 세균 등에 의한 병을 외사(外邪)에 의한 질병으로 구분한다. 인체의 체표면에 위기가 있고, 체표면에서 조금 더 깊은 곳에 영기가 있는데, 위기는 외부의 풍한서습조 등의 외사가 체표면으로 침입하는 것을 막아주는 역할을 한다. 위기는 양기이고 활동력의 다른 이름이며 위기가 정체되면 마비가 생기며, 영기는 음기이며 활동력이 없고 차가운 성질을 가지며 외사가 침입하면 활동적으로 변해서 열이 나게 된다.

특정한 질병으로 인해 세포단위에서 포톤의 색온도와 파장이 달라졌을 때, 질병을 일으킨 이상세포의 색온도와 파장을 원래의 정상세포 것과 동일하게 맞춰주면 그 이상세포는 즉시 정상세포로 돌아가게 되고 그로 인해 병이 낫게 되는 결과를 낳는다. 질병으로 인해 비정상화된 세포는 자신이 발하는 색에만 반응할 뿐 다른 색에는 전혀 반응하지 않기 때문에 부작용을 일으킬 염려도 없다.

식물은 프토크롬이라는 색소체를 통해 생체의 생장, 개화를 조절하는 반면, 동물은 두 개의 채널을 통해 빛을 중추신경계로 전달하여 24시간 주기로 신체의 여러 기능을 조절하게 된다. 그 하나가 눈의 망막에 있는 로드프신 단백질이고, 다른 하나는 피부의 크립토크롬이라는 광수용 단백질이다. 이 두 채널을 통해 들어온 빛에 송과체가 반응하는데, 로드프신이 반드시 빛이 있어야 반응하는 것에 비해, 크립토크롬은 빛이 없는 어두운 곳에서도 반응한다는 특징이 있다. 색깔을 통해 병이 치료되는 가장 기본적인 근거가 바로 여기에 있다. 색깔이 세포 자체에 직접 반응을 일으키게 하면서, 프토크롬이나 로드프신, 크립토크롬과 같은 색소체의 활동에도 직접적인 영향을 주기 때문이다.

이 과정이 이론적으로는 매우 쉽지만 실제적으로는 매우 복잡하다. 수많은 세포와 기관들 중에서 이상세포 혹은 이상기관의 존재를 파악해서 그것이 발하는 색온도와 파장을 알아낸 후에 그것과 반대되는 색온도와 파장의 색을 선택해서 역위상을 만들어야 주어야 그 이상세포나 이상기관이 정상으로 돌아가게 된다 . 이는 전기자극의 빛광에 의한 세포치료가 가능하리라 생각되는 부분이며 색체사용과 뇌기능의 사용에 따른 감각과 인지 기능의 향상을 가져온다(lsd study 한국 임상미술치료 연구소-김영민).

10

인지기능 향상을 위한 미술치료

::

인지기능이란 감각기관의 소통을 의미한다. 무언가를 찾아감 또는 제 위치에서 무언가를 할 수 있도록 함이다. 미술치료에서 인지기능을 어떻게 향상시킬지는 교육적 프로그램의 형태이다. 잊힌 것들을 다시 기억하게 만들고, 머리를 쓰게 만들고, 생각하게 만들고, 그림을 통해 무언가를 올바르게 이해하는 과정이다.

창의성과 모방 등 머리와 생각을 사용하게 하고 사람의 시각과 함께 협응하는 작업을 통한 감각을 살아나게 하는 것이 미술치료 작업의 장점이다. 이러한 미술치료 활동을 통해 점차적으로 문제 해결 능력을 보이며, 문제 해결 능력의 향상을 통하여 인지기능이 점차적으로 좋아짐을 알 수 있다.

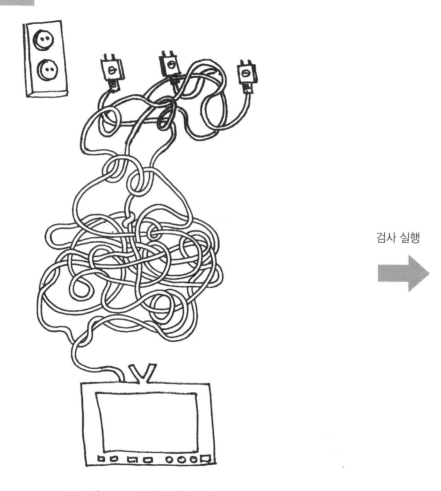

TV의 코드 선을 찾아주세요.

검사 실행

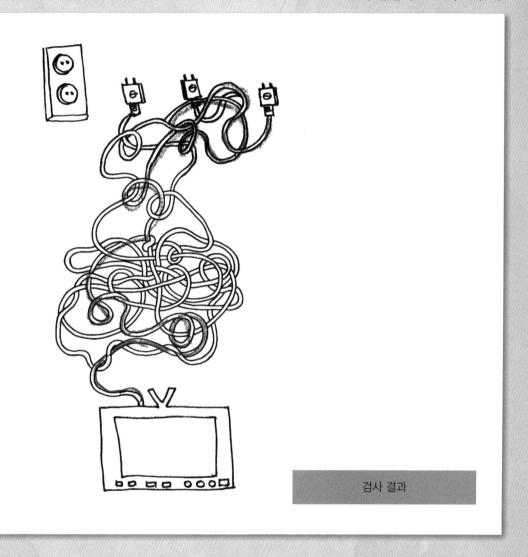

검사 결과

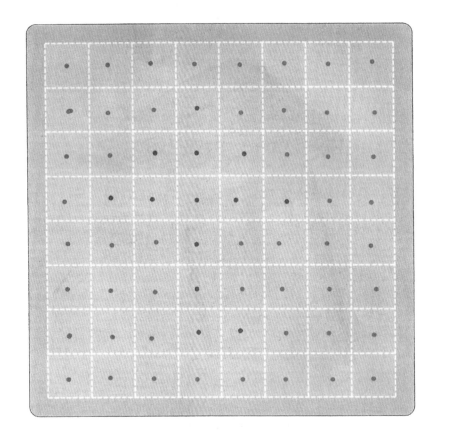

검사 실행

어떤 모양이 나올까요.

56

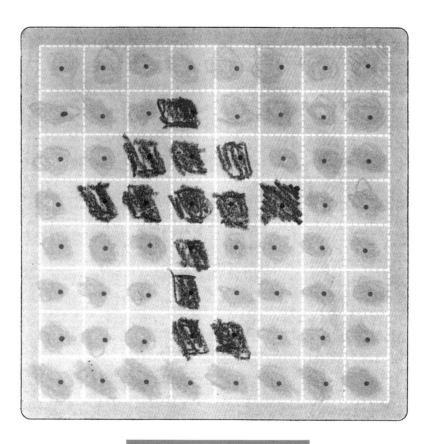

검사 결과

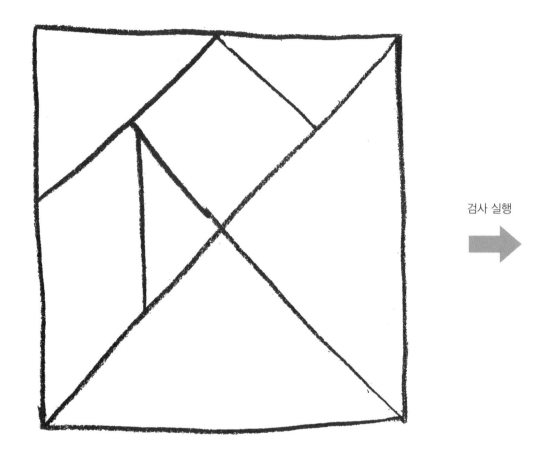

검사 실행

그림의 도형 모양을 따라 색칠해 보세요.

검사 결과

검사 실행

그림의 도형 모양을 따라 색칠해 보세요.

검사 결과

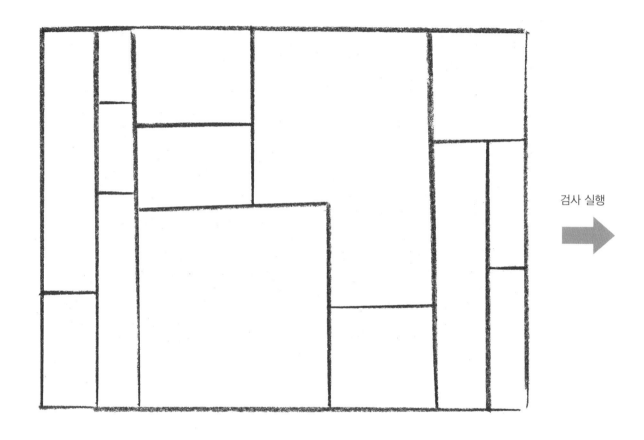

검사 실행

여러 종류의 사각형 안에 색을 칠해 보세요.

검사 결과

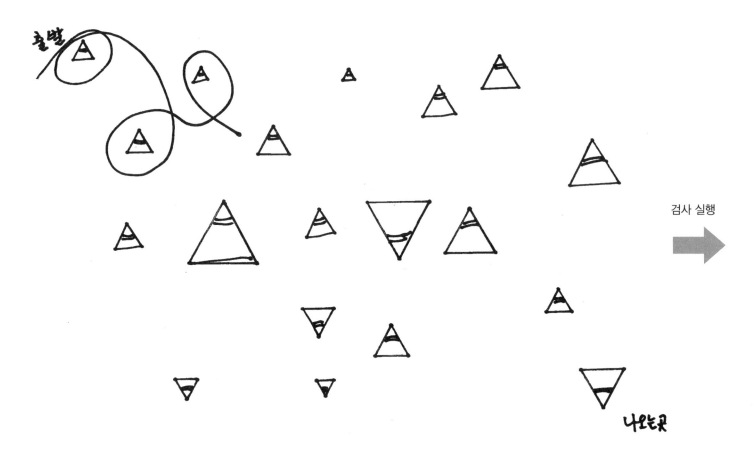

검사 실행

삼각뿔을 모두 돌아 나오세요.

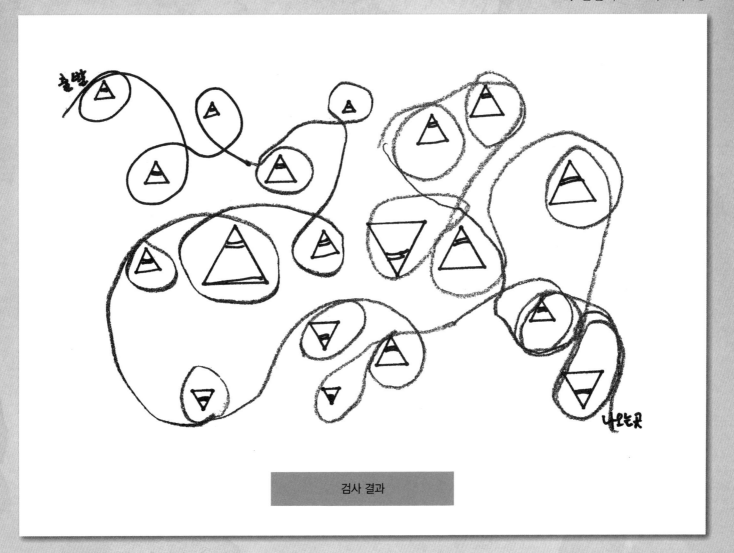

검사 결과

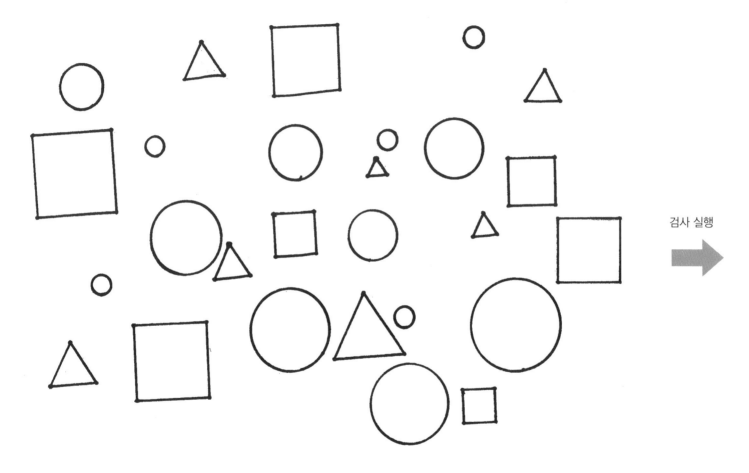

검사 실행

둥근 원을 모두 골라 색칠해 보세요.

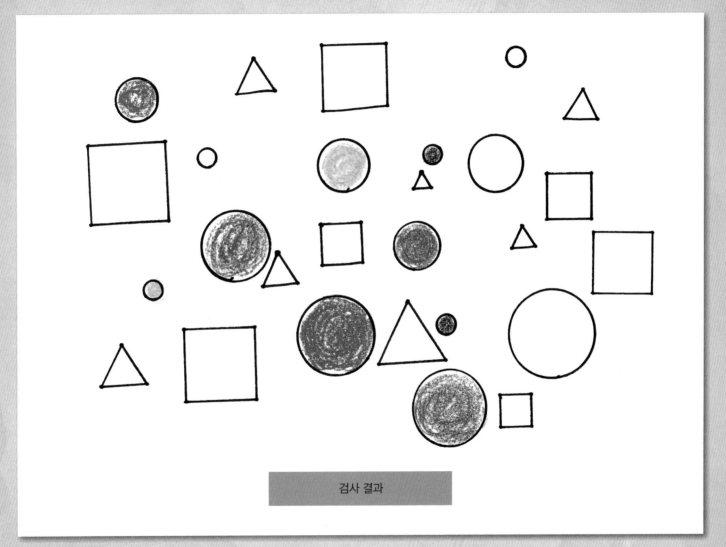

검사 결과

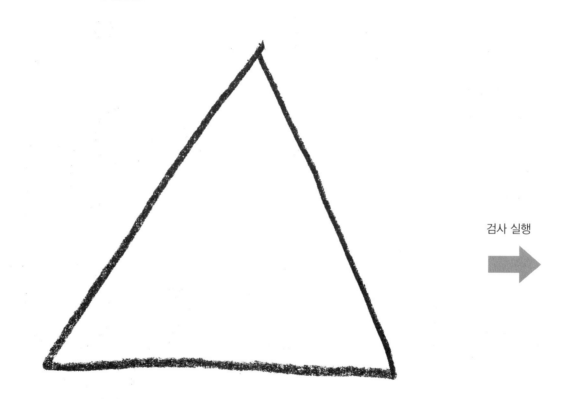

검사 실행

삼각형에서 연상되는 동물을 그려보세요.

검사 결과

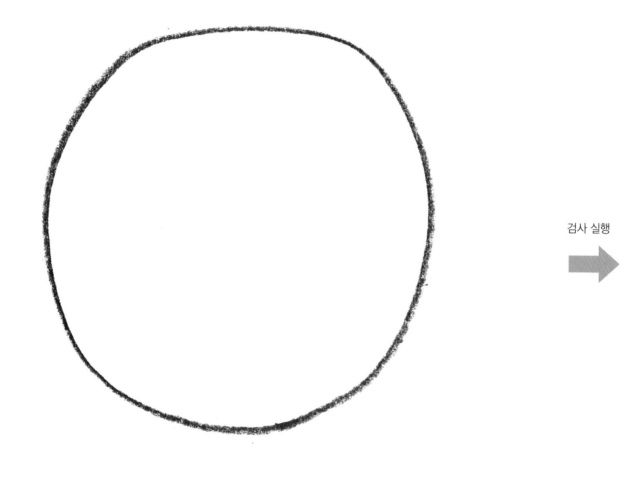

검사 실행

원에서 연상되는 동물을 그려보세요.

검사 결과

검사 실행

사각형에서 연상되는 동물을 그려보세요.

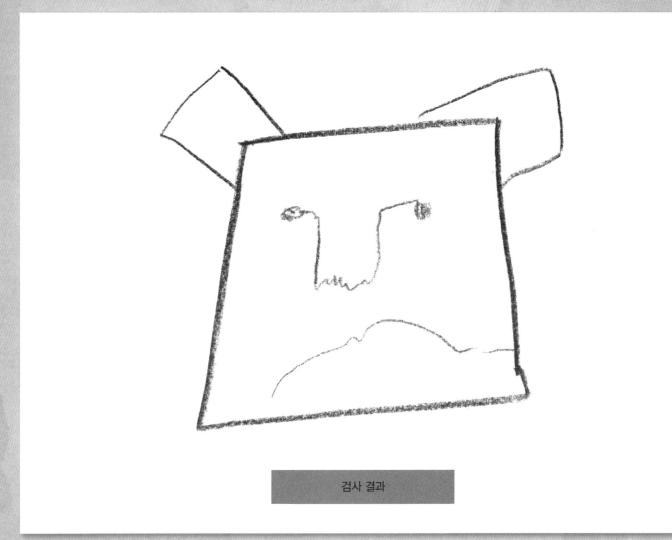

검사 결과

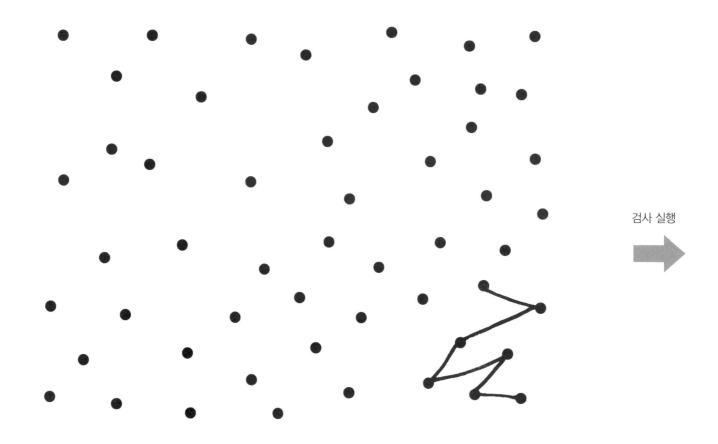

검사 실행

점과 점을 선으로 모두 연결하세요.

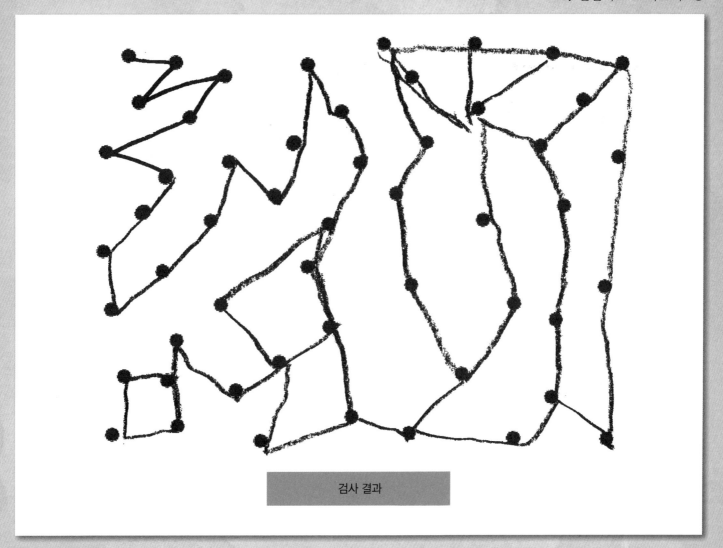

검사 결과

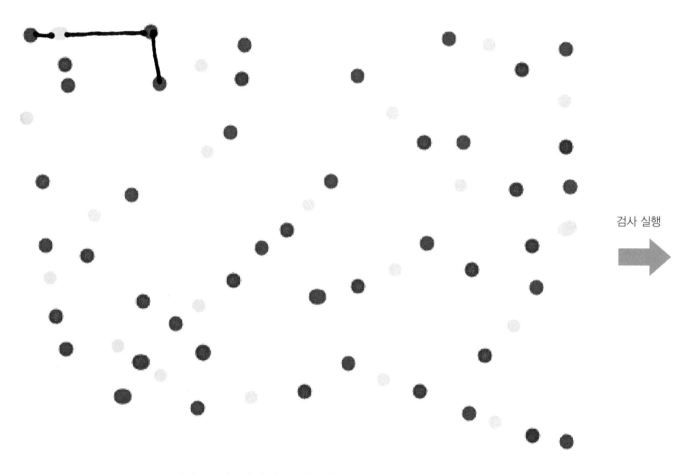

검사 실행

빨강, 노랑, 파랑의 순서로 점을 선으로 연결하세요.

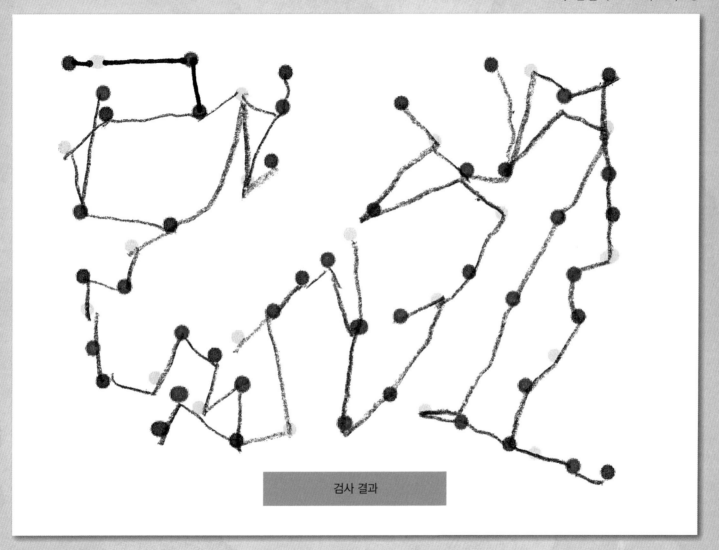

검사 결과

검사 실행

숫자 1을 더하여 점과 점을 선으로 연결하세요.

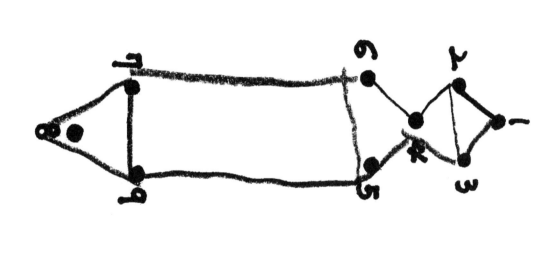

검사 결과

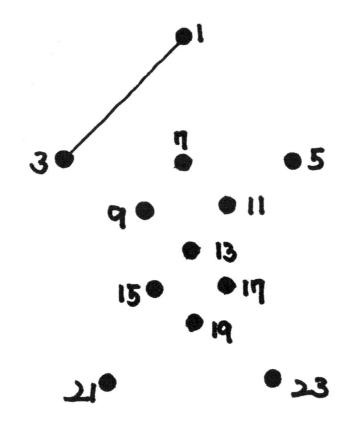

검사 실행

숫자 2을 더하여 점과 점을 선으로 연결하세요.

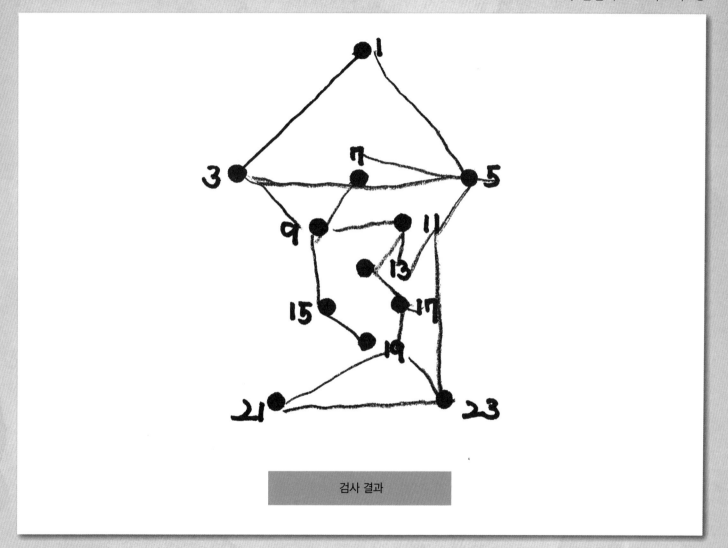

검사 결과

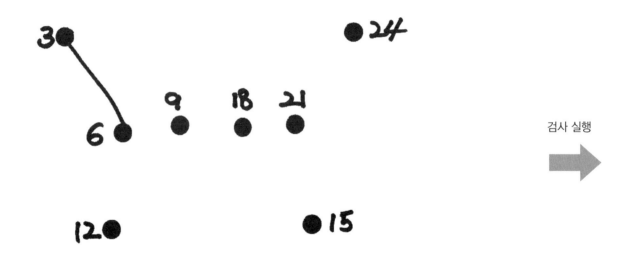

검사 실행

숫자 3을 더하여 점과 점을 선으로 연결하세요.

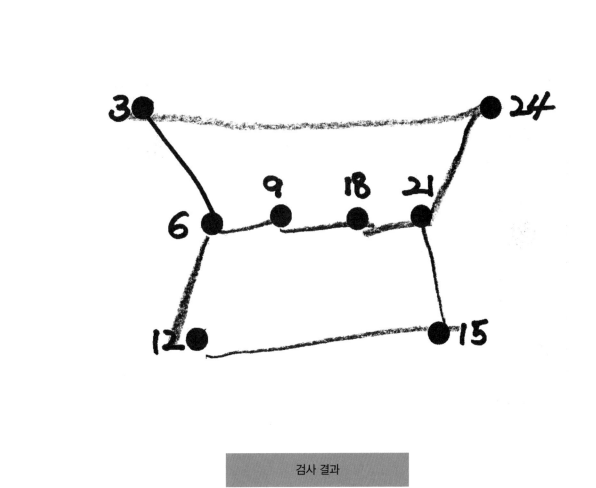

검사 결과

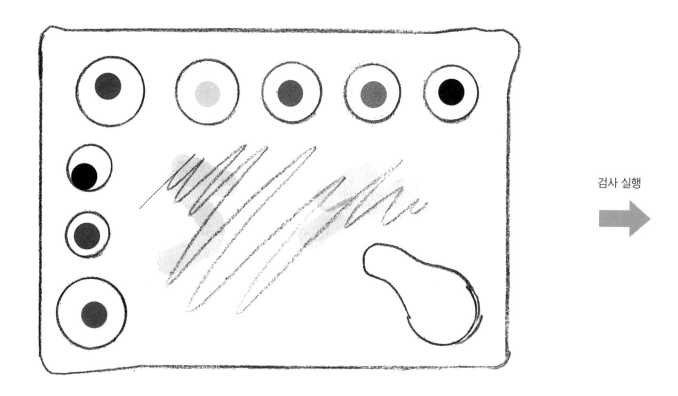

검사 실행

파렛트의 색을 따라 칠해주세요.

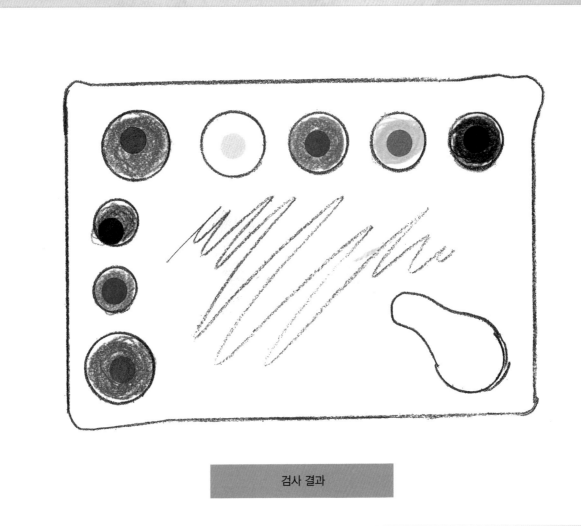

검사 결과

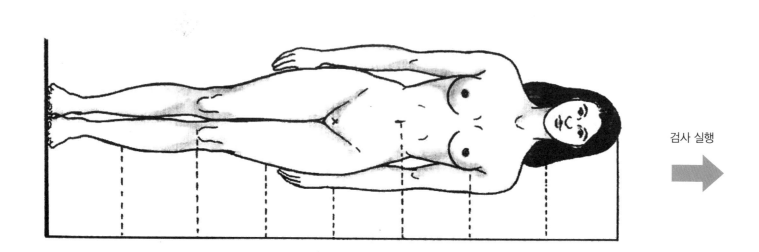

검사 실행

몸이 아픈 곳을 빨간색으로 칠해 주세요.

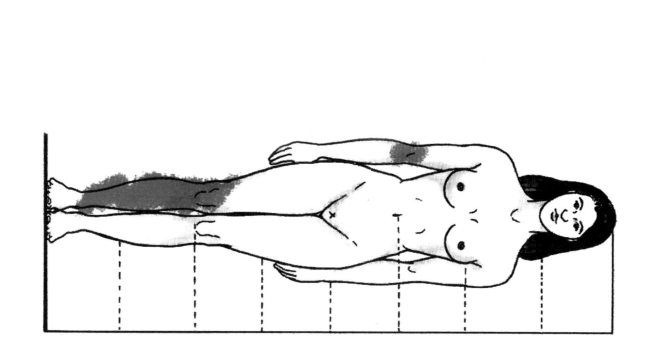

검사 결과

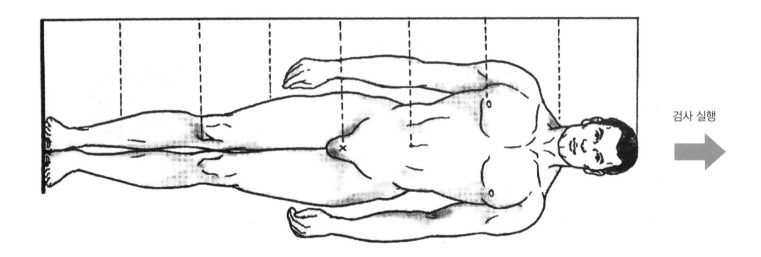

검사 실행

몸이 아픈 곳을 빨간색으로 칠해 주세요.

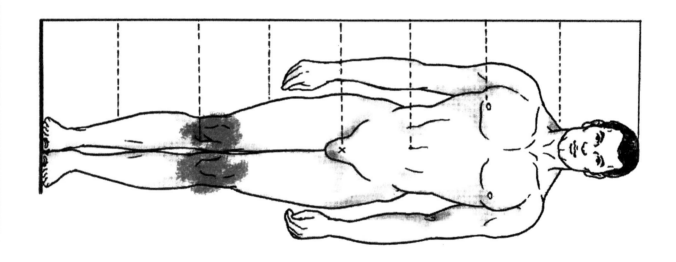

검사 결과

검사 실행

바위 틈 땅속에는 어떤 생물이 살고 있을까요?

검사 결과

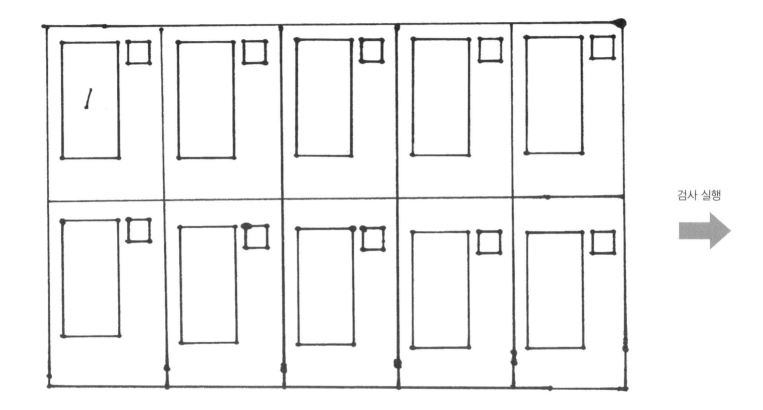

검사 실행

옷장에 숫자를 써넣으시고 서로 다른 색을 칠하세요.

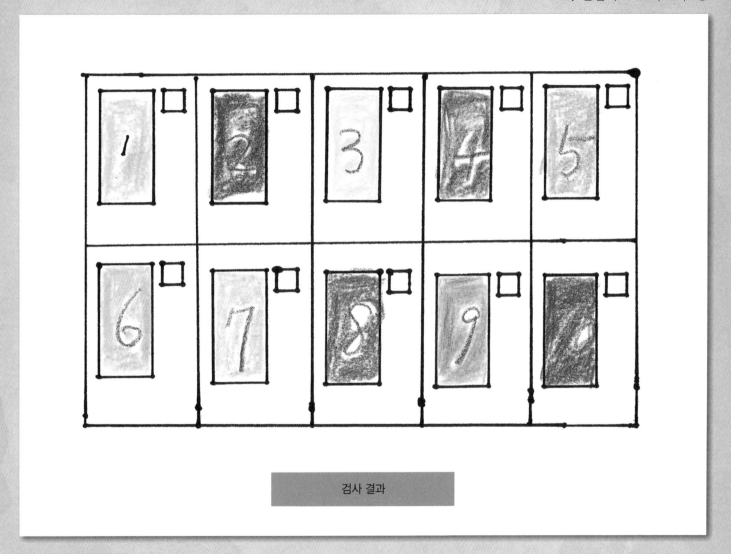

검사 결과

:: 느낌을 표현해 보세요.

사람들에게는 많은 감정들이 있다.

자신의 느낌을 아주 명확하게 정확하게 표현하는 것은 아주 중요하다.

다음의 느낌을 표현하기 위해 많은 생각을 해보라.

당신의 생각의 힘을 길러 준다.

부드러운 느낌을

선으로 표현하세요.

검사 실행

검사 결과

뾰족뾰족한 느낌을

선으로 그려 보세요.

검사 실행

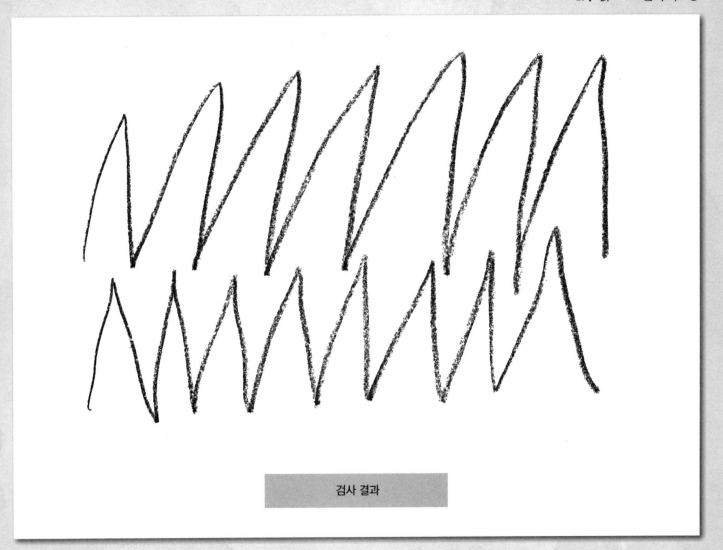

검사 결과

비가 오는 느낌을

선으로 그려 보세요.

검사 실행

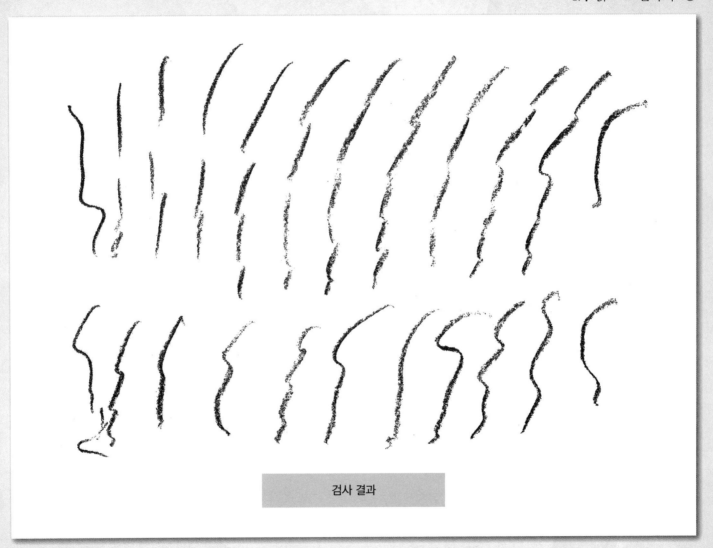

검사 결과

물이 흐르는 느낌을

선으로 표현하세요.

검사 실행

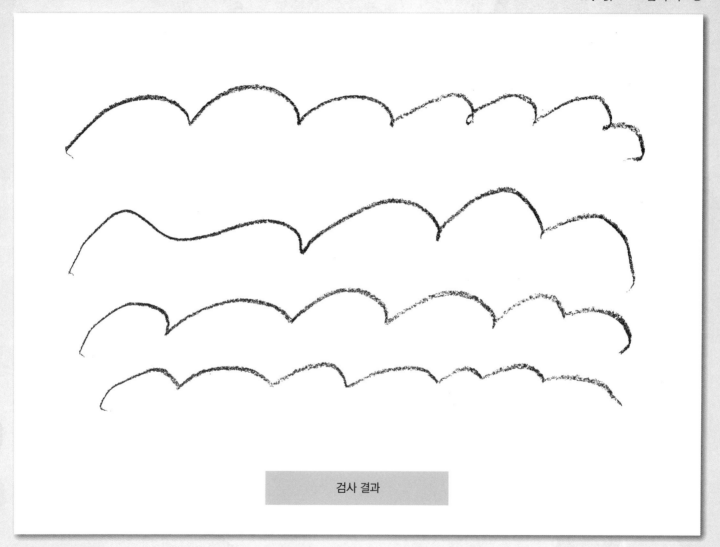

검사 결과

다음 도형그림에서 연상되는 동물을 그려보세요.

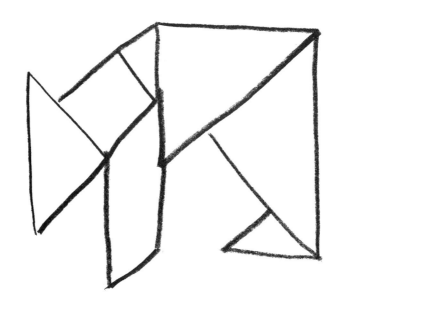

검사 실행

연상되는 동물은 무엇인가요?

연상되는 동물 : 곰

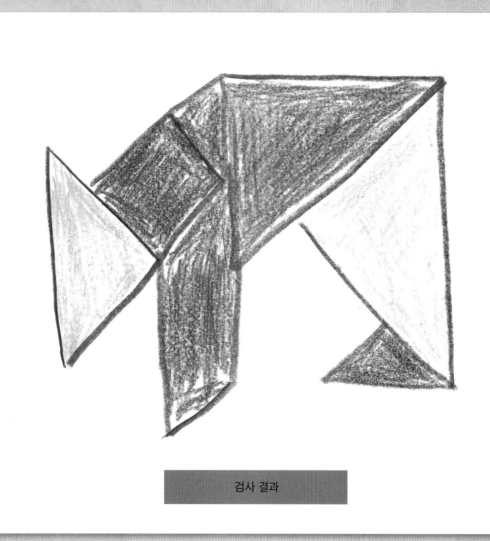

검사 결과

다음 도형그림에서 연상되는 동물을 그려보세요.

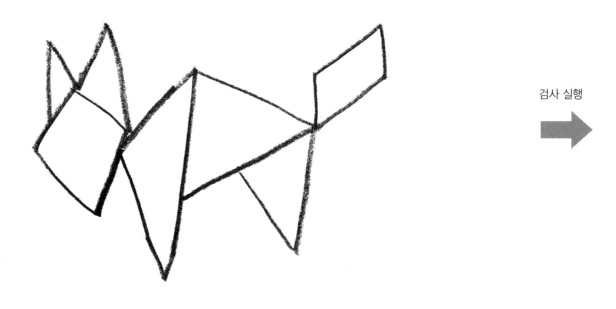

검사 실행

연상되는 동물은 무엇인가요?

연상되는 동물 : 개, 여우, 고양이

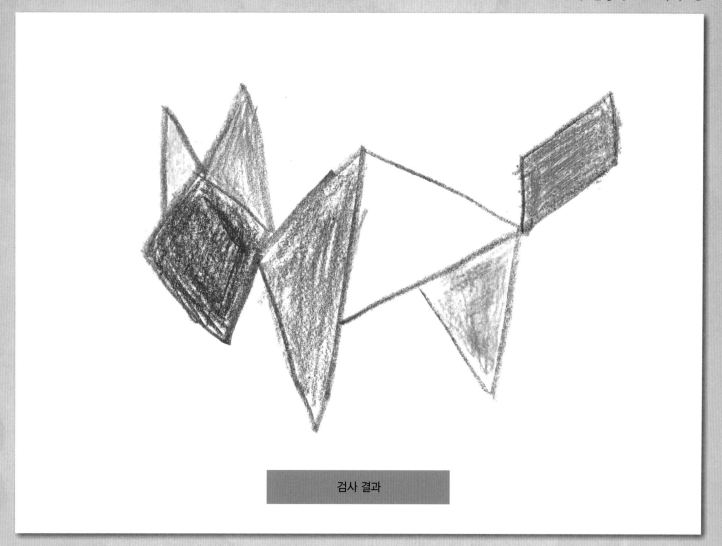

검사 결과

● 마트에 가면 연상되는 물건들은 무엇이 있나요?

● 마트 가기 전에 확인해야 되는 것은 무엇인가요? (화폐, 가방, 살 물건 목록 등)

● 마트에 가기전에 살 것들의 물건 목록을 만들어 보세요.

살 물건 목록	정확한 가격	내가 쓸 수 있는 여유로운 가격
총계		

● 마트 쇼케이스에 진열되어 있는 물건들은 무엇이 있나요?

검사 실행

마트의 진열장에서 볼 수 있는 것들의 그림을 그려보세요.

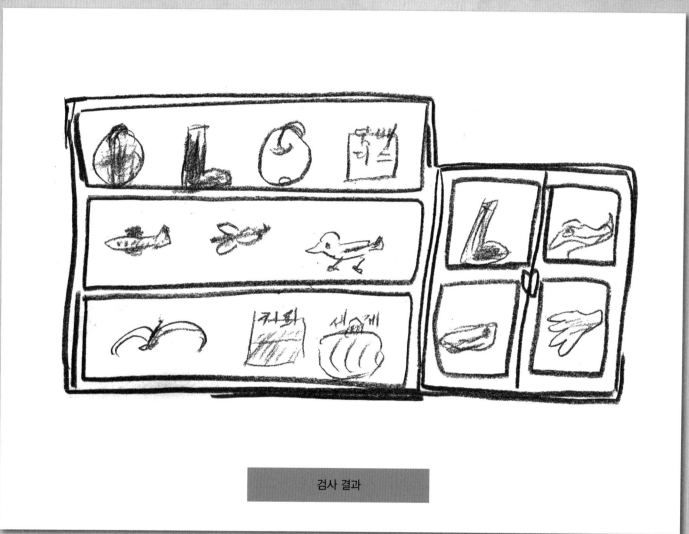

검사 결과

:: 요리를 할 거예요.

- 요리의 이름은 무엇입니까?

- 요리할 수 있는 물건은 무엇이 있나요?

- 밥을 먹는 아침 점심 저녁의 시간은 과연 몇 시를 말하나요?

검사 실행

요리할 수 있는 재료의 그림에 색칠해 보세요.

검사 결과

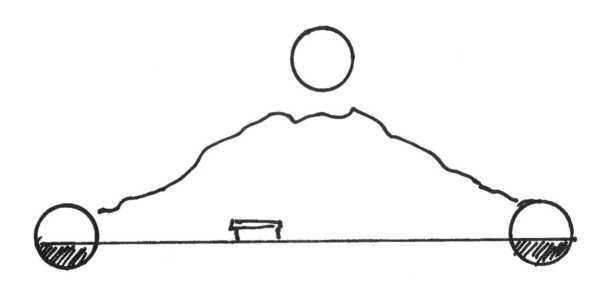

아침, 점심, 저녁을 그림으로 그려보세요.

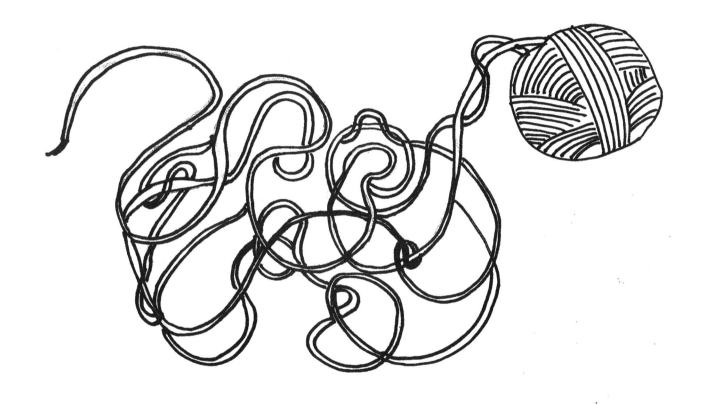

실타래 그림의 실타래를 풀어보세요.

11

의약품 개발을 위한 개량약리

::

:: 개량약리의 사용

주증상	개량약리	부작용
수면장애, 불안장애	테프라정 40mg 아티반정 1mg 환인 벤조트로핀정 1mg	환인 벤조트로핀정으로 인한 눈의 충혈감
조현증	자이프렉사정 울란자핀 2.5mg 아티반1mg 헬로페리돌 IM 50cc 데프라정 40mg 리보트릴정 1mg 한독세로자트정 20mg	헬로페리돌 iv 50cc 이상 증가시 불안감 커짐 자이프렉사정 울란자핀 2.5mg 두통감 있음
스트레스증후군	데프라정 40mg 리보트릴정 1mg 한독세로자트정 20mg 아티반정 0.5mg	한독세로자트정 20mg 노인에게 주의 처방
치매	실버셉트 5mg 큐티핀정 2.5mg 아티반정 1mg 아로민정 팍실cr정12.5mg	큐티핀정에 따른 정신혼미

약물치료에 있어서 아직은 연구진행 중이며 앞으로 더 좋은 약품이 개발 진행될 것으로 기대한다. 혼합약리는 저자의 약품사용 보고이자 현재형이다. 개량약품은 혼합되어 더 좋은 형태의 약물로 대체되고 있는 현 실정에서 의약계에서는 약품개발에 따른 개량약품을 만드는 데 많은 연구가 따르고 뒷받침되고 있는 실정이다. 21세기에 우리의 삶과 질은 예측하기 어렵다. 이에 본 결과는 지난 20년간의 경험치의 약품사용치이며 세부적인 것은 생략하였다.

우울에피소디아

김영민

나의 마음은 폭포수 같네
나의 마음에 한 울음 왈칵
잊으려 길을 뛰어 가고 있지
우울한 나의 얘기와 기억들
지워도 지워도 광이 나는걸
지워도 지워도 아파만 오는걸
지금 나의 길을 가고있어
먼 산속 나라 나만의 길을 걸어
나만의 공간에서 아파해 하며
아파도 아파도 광이 나는 걸
지워도 지워도 광이 나는걸
빗속 소나타의 연주는 슬퍼 뛰어가.

| 저자 소개 |

김 영 민

그림숲 동화나라 아동상담소 개소
삼성임상미술치료 클리닉센터 개소
한국임상미술치료연구소를 운영하며 시골화가로 생활 중

이력

2009년 뉴스메이커 한국을 빛낸 CEO 대상 임상미술치료분야 수상
2008년 제7회 장한 한국인상 부분(장한문화인) 무궁화금장 수상
2005 대한민국 현대미술작가 총서 수록작가 프랑스 국제자화상 콩쿠르입상
2008 포털아트 인터넷 미술대전 미술품경매 참여 및 수상
2009. 2월 현대 한국인물사 등재

저서

빈자리(2003), 굴렁쇠(2004), 있잖아 그건 내 거야(2007)

시화집

열애(2012), 하나님을 죽여라(2007)

미술치료서

미술치료(임상미술치료집)(2003, 2005), 임상미술치료실제(2005), 제3의 임상미술치료개론(2007),
그림으로 나를 찾다(2012)